Veronika Buter
Betina Gotzen-Beek

Weihnacht in der weiten Welt

Herder / missio

Inhalt

Felix und sein Fernrohr

Weihnachten. Im ganzen Haus liegt noch
der unverwechselbare Duft, den es nur
an diesem einen Tag im Jahr gibt: Es riecht
nach geschmorter Gans und Plätzchen,
nach Tannenbaum und Kerzen. Felix ist
überglücklich. Opa und Oma haben ihm ein
Fernrohr geschenkt. Ein richtiges Fernrohr.
Er hatte es sich so sehnlich gewünscht.
„Darf ich es gleich ausprobieren?"
fragt er seinen Vater.
„Da mußt Du wohl bis morgen warten. Es ist ja
schon dunkel draußen", antwortet der Vater.
„Ooch. Bitte Papa!" jammert Felix.
„Na meinetwegen. Du wirst schon erleben,
daß es jetzt nichts zu sehen gibt."
„Komm mit, Eva", ruft Felix seine kleine Schwester
aufgeregt. „Wir gehen auf den Dachboden.
Von dort aus können wir sehr weit sehen."
In der Dachkammer ist es zugig und kalt.
Aber das bemerken die beiden Kinder gar nicht.
Eilig stemmt Felix die Dachluke auf und schiebt
das Fernrohr bis zur Hälfte hinaus. Dann stellt
er sich darunter und schaut hindurch.

„Nun – was siehst Du?"
fragt Eva ungeduldig. Aber Felix gibt
keinen Muckser von sich.
„Nun sag schon", quängelt Eva weiter.
„Was gibt es denn da oben zu sehen?"
„Weihnachten", stammelt Felix.
„Überall feiern die Menschen Weihnachten.
Auf der ganzen Erde.
Schau mal, was ich alles sehe."

Toni und die längste Nacht im Jahr

Weihnachten in Grönland

Huh, hier ist es bitterkalt
am Weihnachtsabend. Minus 40 Grad.
„Solche Temperaturen sind bei uns
ganz normal", grinst Toni.
„Ich trage deshalb warme Fellstiefel
und einen dicken Anorak."
Nur seine dunkelbraunen Schlitzaugen
blitzen aus der Kapuze hervor.
Toni wohnt in Grönland, ganz nahe
am Nordpol. Er gehört zum Volk der Inuits.
Rechtzeitig vor Weihnachten machen
sich die Männer aus vielen Dörfern auf,
um gemeinsam ein großes Iglu,
ein Haus aus Eis und Schnee, zu bauen.
Toni ist stolz: „Ich durfte meinen Papa
in diesem Jahr begleiten", sagt er.
„Sieht unser Iglu nicht aus wie eine
richtige Kathedrale?"
Heute, am Weihnachtsabend, sind alle
Familien hier zusammengekommen.
Im Schimmer des Kerzenscheins machen
sie es sich auf ihren Pelzen gemütlich.
Jeder hat etwas zu essen mitgebracht:
Fleisch vom Rentier, trockenen Fisch,
schwarzen Tee und Bonbons.

6

„Zuerst kommt der Missionar des Gebietes
und feiert mit uns die Weihnachtsmesse",
erzählt Toni.
„Und dann beginnt ein frohes Fest.
Wir spielen Tambourin und tanzen dazu.
Später sitzen wir alle im Kreis
und erzählen Geschichten."
Aber richtig spannend wird es erst, wenn
die Männer aus den Dörfern gegeneinander
zum Geschicklichkeitswettbewerb antreten.
Toni schaut aufmerksam zu.
„Wenn ich groß bin, möchte ich auch
mitmachen."

Weihnachten ist bei den Inuits die längste Nacht
des Jahres. Es wird solange gefeiert,
bis nichts mehr zum Essen da ist.

Jesajas Lieblingsschaf

Weihnachten in Kenia

Es ist zwei Stunden vor Mitternacht.
In Handeni beginnt gerade die Christmette.
Jesaja ist schon ganz aufgeregt.
Denn er spielt eine wichtige Rolle
im Weihnachtsspiel. Jesaja ist ein Massai.
Die Massai leben als Nomaden.
Sie haben kein festes Zuhause,
sondern wandern tagein und tagaus
mit ihren Rinderherden durch die Steppen
Kenias. Wenn das Vieh kein Gras
mehr findet, ziehen Menschen und Tiere
weiter und bauen sich woanders
eine neue Hütte.
„Bei uns gibt es nichts Größeres
und Wichtigeres als Kinder", sagt Jesaja.
„Darum lieben wir das Weihnachtsfest
ganz besonders. Denn an diesem Tag
feiern ja die Christen auf
der ganzen Erde,
daß Gott als Kind
auf die Welt
gekommen ist."

8

Weihnachtsgeschenke kennen die Massai nicht.
Die Heilige Messe ist für sie das Wichtigste an Weihnachten.
„Außer dem guten Essen natürlich", ergänzt Jesaja.
„Normalerweise ernähren wir uns hauptsächlich von Milch.
Aber zu Weihnachten gibt es auch Fleisch und Hirse,
ja sogar Cola und Fanta."
Die Kirche in Handeni und der große Vorplatz
sind schon lange gefüllt.
Von weit her sind die Menschen gekommen.
Seht Ihr, wie sie schwitzen? Weihnachten fällt hier
in die heißeste Zeit des Jahres.
Im Advent haben sie sich gründlich auf das Fest
der Geburt Jesu vorbereitet.
„Wir spielen die biblischen Geschichten.
Das hilft uns, ganz tief zu verstehen,
was Gott uns sagen will."
„Ich spiele heute abend einen der Hirten,
die als erste an der Krippe standen
und Jesus angebetet haben", sagt Jesaja stolz.
„Auf meinen Schultern trage ich
ein echtes Schaf in die Kirche.
Mein Lieblingsschaf!"
Und nach dem Gottesdienst
wird noch lange gesungen
und getanzt in Handeni.

Ajit und der Weihnachtsschmaus

Weihnachten in Indien

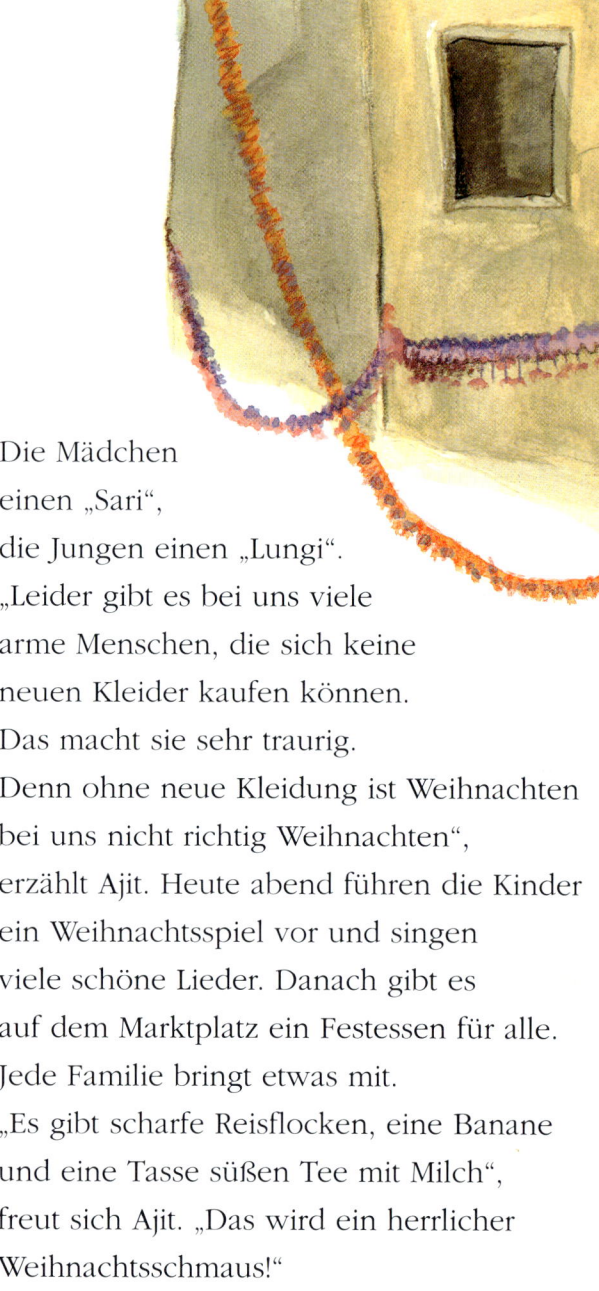

„Schau mal, wie schön unser indisches Dorf geschmückt ist", ruft Ajit. „Jede Familie hat ihr Lehmhaus frisch angestrichen. Und vor fast allen Häusern brennt ein Weihnachtsstern." Stern heißt auf Hindi, der Sprache Indiens, „Tara".

„Das ist bei uns zu Weihnachten so üblich", erklärt Ajit. Seine Heimat Indien ist ein riesiges Land in Asien, siebenmal so groß wie Deutschland. Weihnachten ist in ganz Indien ein Feiertag. Obwohl nur wenige Menschen dort Christen sind.

Die Kinder im Dorf haben den Marktplatz mit bunten Lichterketten und Papiergirlanden geschmückt. „Wir feiern Weihnachten zusammmen mit allen Familien im Dorf. Dafür ist die Kirche viel zu klein", erklärt Ajit. „Da vorne steht unser ‚Weihnachtsbaum'! Es ist eine Agave. Sie hat die Form eines Sterns, an dem herrlich rote Blüten hängen." Zu Weihnachten bekommen in Indien viele Kinder ein neues Kleid geschenkt.

Die Mädchen einen „Sari", die Jungen einen „Lungi". „Leider gibt es bei uns viele arme Menschen, die sich keine neuen Kleider kaufen können. Das macht sie sehr traurig. Denn ohne neue Kleidung ist Weihnachten bei uns nicht richtig Weihnachten", erzählt Ajit. Heute abend führen die Kinder ein Weihnachtsspiel vor und singen viele schöne Lieder. Danach gibt es auf dem Marktplatz ein Festessen für alle. Jede Familie bringt etwas mit. „Es gibt scharfe Reisflocken, eine Banane und eine Tasse süßen Tee mit Milch", freut sich Ajit. „Das wird ein herrlicher Weihnachtsschmaus!"

10

Pedros Weihnachten auf der Straße

Weihnachten in Brasilien

„Was ist los?" Pedro streckt seinen Kopf
aus dem großen Pappkarton heraus,
der ihm als Schlafzimmer dient.
Bunte Feuerwerkskörper sausen in die Nacht.
Es kracht und zischt.
„Ach ja, heute ist Weihnachten", sagt der
Achtjährige. Fast hätten er und seine Freunde
es vergessen. Ihr Zuhause sind die Straßen
von Rio, einer großen Stadt in Brasilien.
Wenn andere Kinder zur Schule gehen,
streunen sie in der Stadt herum,
immer auf der Suche nach etwas Eßbarem
oder einer kleinen Arbeit, die ihnen
ein wenig Geld einbringt.
„Meine Eltern sind zu arm, um mir etwas
zu essen zu kaufen", erzählt Pedro. „Deshalb
bin ich von Zuhause weggegangen."
Tagsüber schlendert er durch die Straßen
und Geschäfte. Unbemerkt läßt er mal hier,
mal da ein Brötchen, Süßigkeiten oder ein paar
Zigaretten in seiner Hosentasche verschwinden.
„Einmal war die Polizei hinter mir her.

Ich mußte mich tagelang verstecken",
erzählt Pedro.
„Weihnachten ist ein Fest für reiche Leute",
sagt der traurig.
„Die stellen einen Plastik-Tannenbaum mit
elektrischen Kerzen in ihr Wohnzimmer.
Zu den Kindern kommt ein Weihnachtsmann
mit rotem Mantel und weißem Bart.
Und er legt Geschenke in ihre Schuhe."
Pedro hat zu Weihnachten noch nie
ein Geschenk bekommen. Aber er hat sich
die seltsamen Weihnachtsmänner genau
angeschaut, die während der Weihnachtszeit
an jeder Kaufhausecke stehen.
„Glaubt Ihr, das ist lustig, sich in dieser Hitze
als Weihnachtsmann zu verkleiden?"
Pedro kichert.
„Da nehm ich lieber eine kühle Dusche
im Springbrunnen vor dem
Kaufhaus."

Tupu und die schwarze Krippe

Weihnachten in Tansania

Tupu bleibt wie angewurzelt stehen. Der Anblick
der schwarzen Krippe verschlägt ihr glatt den Atem.
„So etwas Schönes habe ich noch nie gesehen",
denkt sie. Und mit einem Mal
ist die ganze Wut auf ihren Vater wie weggeblasen.
„Papa ist nämlich von Beruf Holzschnitzer", erzählt Tupu.
„Wir gehören zum Volksstamm der Makonde
und sind in Tansania zu Hause." Die Makonde-Schnitzer
arbeiten mit dem kostbaren Ebenholz, das in der
afrikanischen Savanne wächst. Es ist hart und deswegen
besonders schwer zu bearbeiten. Aber seine tiefschwarze
Farbe lieben wir in Afrika sehr, weil sie uns an unsere
eigene schöne, schwarze Haut erinnert", erklärt Tupu.
Jahrtausendelang war Ebenholz für Königsthrone,
Zepter und Ehrenstöcke reserviert. Tupu streicht sanft
über die Figuren der Krippe. Plötzlich steht Papa neben ihr.
„Daran hast du also so emsig gearbeitet, daß du kaum
noch Zeit für uns hattest", murmelt Tupu.
„Niemand durfte dein Werk sehen, bevor es fertig war.
Nicht einmal ich."
„Weißt du, Tupu", gesteht ihr Vater, „ich wollte
etwas ganz Besonderes schaffen.

14

Ich wollte die Geschichte
der Geburt Jesu aus dem harten
Ebenholz meißeln. Wochenlang
bin ich durch den Busch gestreift,
bis ich endlich den passenden
Baum fand, in den ich meine
Krippe hineinschnitzen konnte."
Nun weiß Tupu, warum sie ihren
Vater in den letzten Wochen
so selten zu Gesicht bekommen hat.
Wie ein Besessener arbeitete er
an seiner Krippe.
Denn Weihnachten wollte er
ja fertig sein. Stück für Stück
wuchsen die Figuren
aus dem einen schweren Stamm.
Maria und Josef und die Hirten.
„Sie sehen alle ganz
ähnlich aus, wie die Menschen
in unserem Dorf", stellt Tupu fest.
„Mit dieser Krippe hast du
der Gemeinde das
schönste Weihnachtsgeschenk
aller Zeiten gemacht."
Da endlich kehrt auch
in Tupus Herz
die Weihnachtsfreude ein.

15

Benito und der Geisterstern

Weihnachten auf den Philippinen

„Uaahhhh!" Benito gähnt.
„Weihnachten ist ganz schön anstrengend."
Neun Tage hintereinander ist er in aller
Herrgottsfrühe aufgestanden und mit
seinen Eltern zum Gottesdienst gegangen.
Da war es draußen noch stockfinster.
„Simbang Gabi – Hahnen-Messe,
nennen wir Filipinos diese Gottesdienste.
Denn sie beginnen, noch bevor
der erste Hahn kräht", erklärt Benito.
In diesen frühen Morgenstunden singen
die Christen und denken dabei besonders
an Maria, die in wenigen Tagen Jesus
gebären wird, das Licht der Welt.
„In diesen neun Tagen bauen wir in der
Kirche die Krippe auf. Stück für Stück.
Jeden Tag kommt eine neue Figur hinzu.
Zuletzt das Jesuskind."
Benito ist schon ganz gespannt.
Heute, am Weihnachtsabend, strömen
die Menschen aus dem ganzen Dorf
zur Christmette. Der Höhepunkt
für alle ist das „Gloria",
wenn der Chor singt
und alle Glocken läuten.
„Und dann passiert
etwas Tolles", erzählt Benito.
„Dann öffnen sich die Vorhänge am
Seitenaltar, und die Krippe wird sichtbar.
In diesem Augenblick schwebt langsam
ein riesiger bunter Papierstern aus dem
Kirchengewölbe an einem unsichtbaren
Seil zur Krippe und bleibt genau
über dem Stall stehen."
Nach der Christmette wird Benito
mit seinen Eltern zu Oma und Opa gehen.
„Die alten Leute sind in der Weihnachtsnacht
wohl die Glücklichsten", findet Benito.
„Sie sind der Mittelpunkt des Festes.
Man besucht sie und küßt ihre Hand,
um zu zeigen: Wir sind dankbar,
daß es euch gibt."
Dann gibt es ein großes Festmahl
und Geschenke für alle.
Erst früh am Morgen
wird Benito schließlich
satt und glücklich
auf seiner Matte
einschlafen.

Verspäteter Geburtstag

Weihnachten in Äthiopien

Felix reibt sich die Augen.
„Willst du mal durchsehen?" sagt er
und reicht seiner Schwester das Fernrohr.
Eva stutzt. „Komisch, ich sehe nichts.
Alles ist dunkel."
„Hi, hi. angeschmiert", lacht Felix.
„Dieses Land heißt Äthiopien.
Die Christen feiern Weihnachten
dort an einem anderen Tag."
„Wie bitte? Man kann doch einen
Geburtstag nicht einfach auf ein anderes
Datum verschieben ..."
„Früher", erklärt Felix, „haben alle Christen
auf der Welt Weihnachten am 6. Januar
gefeiert.

Dann hat der römische Kaiser Konstantin
einen neuen Kalender eingeführt und
Weihnachten auf den 25. Dezember verlegt.
Aber nicht alle Christen richteten sich
nach dem neuen Kalender. Im Osten blieben
sie beim alten Termin. Bis heute."
„Und wie feiern die äthiopischen Christen
ihr Weihnachtsfest?", will Eva wissen.
„Sie treffen sich rund um die Kirchen
in ihrer Hauptstadt. Die wurden einst auf
hohen Felsen erbaut. Die Menschen singen
und tanzen bis in den Morgen hinein.
Wenn es hell wird, gehen sie in einer
langen Reihe auf den Berg.

Drei junge Leute führen die Prozession an
und lassen dabei zum Zeichen der Freude
ihre Peitschen knallen.
Für den Gottesdienst oben auf dem Berg
tragen die Christen einen Altar mit sich.
Und sie beten, daß Gott sie im
kommenden Jahr vor Hungersnot
und Trockenheit schützen möge.
Aber das müssen wir uns wohl
an einem anderen Tag ansehen.
Los, wir schauen jetzt lieber
in ein weiteres Land. Mal sehen,
wie man in China
Weihnachten feiert ...“

Xiao und das Feuerwerk

Weihnachten in China

„Kinder, seid ihr reisefertig?" Papa Wei klatscht
in die Hände. Heute, am Weihnachtsfest,
fährt die ganze Familie zu den Verwandten
nach Fuzhou. Xiao hat sich schon lange
darauf gefreut.

„Warte, Papa", ruft er, „ich hole nur noch
schnell mein Feuerzeug." Xiao ist gerade erst
aus der Schule gekommen. In China ist
Weihnachten nämlich kein Feiertag.

„Früher war Weihnachten im ganzen Land ein
fröhliches Volksfest", erzählt Oma Lian während
der Fahrt im Bus. „Aber dann kamen die
Kommunisten an die Macht. Sie haben
uns Christen verboten, unsere Feste zu feiern.
Doch wir haben uns trotzdem heimlich getroffen
und ganz leise zusammen Weihnachtslieder
gesungen. Das war ziemlich gefährlich."
Diese Zeiten sind in China Gott sei Dank vorbei.
„Jetzt feiern sogar viele Menschen
mit uns Weihnachten, die gar nicht wissen,
wer das Jesuskind in der Krippe ist",
kichert Xiao.

20

„Letztes Jahr standen die Leute Schlange
vor unserer Pfarrkirche.
Aber es war nicht genug Platz für alle da.
Und beinahe hätte es Streit gegeben."
Endlich kommen Xiao und seine Familie
in Fuzhou an. „Kommt, Kinder",
ruft Onkel Zhiheng, nachdem sich alle
begrüßt haben. „Ich zeige euch etwas."
Und er nimmt sie mit in die Scheune
hinter dem Haus. „Toll", ruft Xiao begeistert,
„ein ganzer Korb voller Kracher!"
Schon zückt er begeistert sein Feuerzeug
aus der Hosentasche. „Halt, Stop!"
kann Onkel Wau gerade noch rufen.
„Das große Feuerwerk im Dorf gibt es erst
nach dem Gottesdienst. Damit begrüßen
wir das Kind in der Krippe, das heute vor
2000 Jahren geboren wurde."

John erteilt eine Weihnachtslektion

Weihnachten in Pakistan

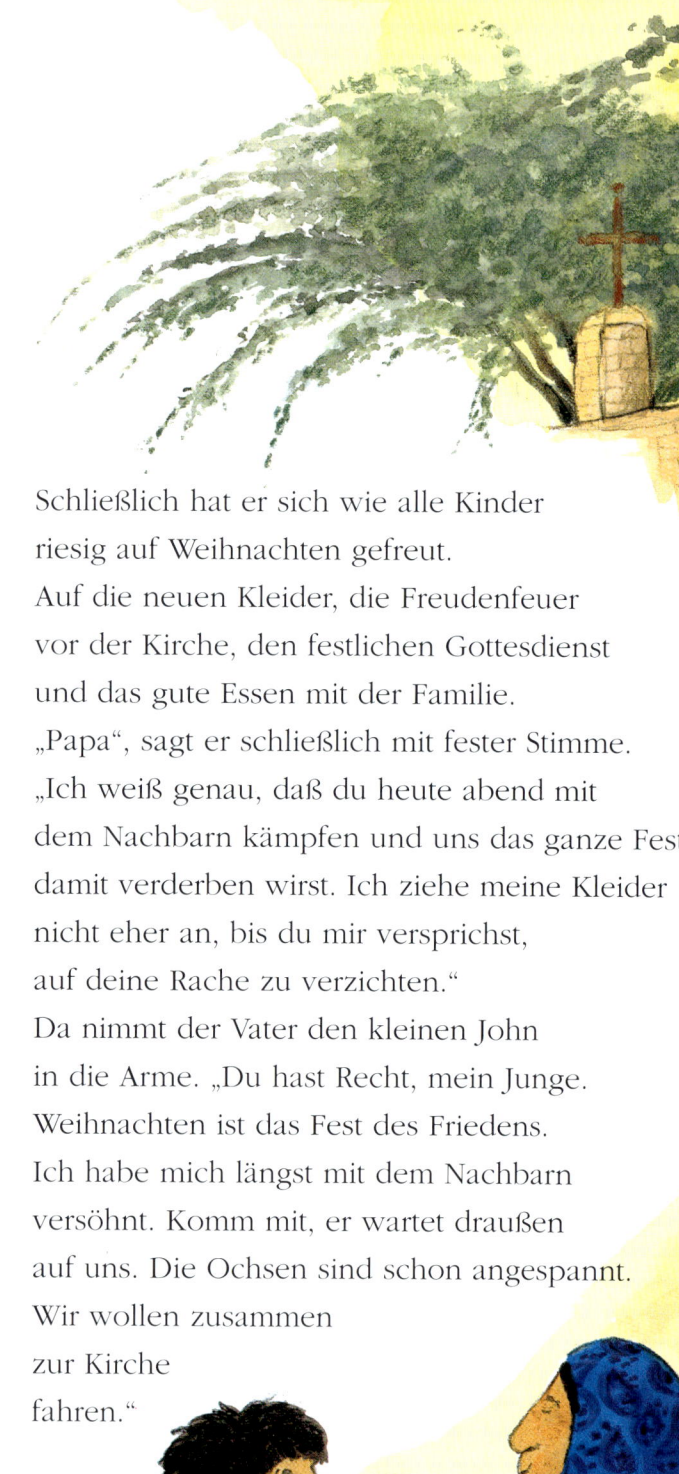

Johns neues Hemd und die schönen
Sandalen liegen noch immer unberührt
auf dem Stuhl. „Ha, Weihnachten –
Fest des Friedens! Daß ich nicht lache",
denkt er wütend. „Stellt Euch vor,
bei uns in Pakistan ist es Sitte, daß man
einen Streit bis Weihnachten aufschiebt.
Ausgerechnet. ‚Warte bis Weihnachten',
sagen die Zankhähne, ‚dann werde ich dir
eine Lektion erteilen'."
John hat den heftigen Streit seines Vaters
mit einem Nachbarn vor einigen Wochen
nicht vergessen. Und heute ist Weihnachten,
„Wada Din", wie die Pakistani
den großen Tag nennen.
„Junge, wo steckst du denn?"
Die Stimme des Vaters reißt John
aus seinen Gedanken. Er zuckt zusammen.
„Warum hast du deine neuen Weihnachts-
kleider noch nicht angezogen?"
„Ich mag nicht", preßt John traurig hervor.
Und eine Träne kullert ihm über die Wange.

Schließlich hat er sich wie alle Kinder
riesig auf Weihnachten gefreut.
Auf die neuen Kleider, die Freudenfeuer
vor der Kirche, den festlichen Gottesdienst
und das gute Essen mit der Familie.
„Papa", sagt er schließlich mit fester Stimme.
„Ich weiß genau, daß du heute abend mit
dem Nachbarn kämpfen und uns das ganze Fest
damit verderben wirst. Ich ziehe meine Kleider
nicht eher an, bis du mir versprichst,
auf deine Rache zu verzichten."
Da nimmt der Vater den kleinen John
in die Arme. „Du hast Recht, mein Junge.
Weihnachten ist das Fest des Friedens.
Ich habe mich längst mit dem Nachbarn
versöhnt. Komm mit, er wartet draußen
auf uns. Die Ochsen sind schon angespannt.
Wir wollen zusammen
zur Kirche
fahren."

Pepito auf Herbergssuche

Weihnachten in Mexiko

„Hey Pepito, kommst du mit zur Posada?"
Draußen vor der Tür stehen Luis, Beatriz
und die anderen Kinder aus dem Dorf.
Posada heißt Herberge. Zur Weihnachtszeit
gehen die Kinder in Mexico wie Maria
und Joseph auf Herbergssuche. Sie laufen
von Haus zu Haus und bitten um Einlaß.
„En nombre de cielo, os pido posada –
im Namen des Himmels, wir bitten
um Herberge", singen sie und spielen dazu
auf ihren selbstgebastelten Instrumenten.
„Wenn wir lange genug gesungen
und gebettelt haben, dürfen wir endlich
eintreten, und ein lustiges Spiel beginnt."
Pepito bekommt die Augen verbunden
und einen Stock in die Hand. Damit muß
er versuchen, die Pinata zu finden
und zu zerschlagen. Die Pinata ist ein
großes Tongefäß, das an einem Seil
von der Decke hängt. Oft ist es kunstvoll
mit Gold-, Silber- oder Buntpapier verziert.
Dreimal darf Pepito es versuchen.

Leider trifft er nicht. Pech!
„Los Luis, versuch du's."
Tock, Tock, und Treffer! Luis hat es geschafft.
Die Pinata zerbricht. Süßigkeiten, Früchte
und Nüsse kullern durch die Stube.
Die Kinder purzeln übereinander,
und jedes grabscht soviel es kann.
Pepito ist glücklich:
Er hat eine dicke Apfelsine
ergattert.

24

Ofra und die Weihnachtsgrotte

Weihnachten in Israel

„Hallo! Ich heiße Ofra und wohne in Bethlehem.
Bei uns ist an Weihnachten immer wahnsinnig
was los. Tausende Menschen aus aller Welt
kommen in unser kleines Städtchen.
Es sind Pilger. Sie wollen den Ort sehen,
an dem Jesus der Überlieferung nach
geboren wurde. Die frühen Christen haben
eine schöne große Kirche über die Stelle gebaut,
wo früher der Stall mit der Krippe stand."
Eine schmale Treppe führt zu der Geburtsstätte
hinunter in einen kleinen, engen Raum.
Er wird von vielen Kerzen erhellt,
die in kostbaren bunten Gläsern von der
Decke hängen. Hier unten ist es ganz still.
„Dort ist ein großer silberner Stern
auf dem Fußboden", zeigt Ofra.
„Er kennzeichnet den Platz, wo Jesus
geboren wurde. Die Pilger gehen in die Knie,
berühren die Stelle mit ihren Händen
oder küssen sie sogar.
Das tun sie, um Jesus zu grüßen.
Aber lange kann ich hier nicht bleiben.

Denn die Schar der Menschen,
die draußen wartet, ist groß.
Ich gehe lieber Papa besuchen.
Er ist zu Weihnachten immer
schwer im Streß.
Papa hat in der Stadt ein kleines
Restaurant. Er backt köstliche Brote
für die Pilger und füllt sie
mit Kichererbsenbrei und Salat.
Denn die Leute sind von ihrer
weiten Reise nach Bethlehem
meistens ziemlich hungrig."

27

Felix wird entdeckt

Weihnachten in Australien

„Hey, bist du eingeschlafen?"
Eva kneift ihren Bruder in den Arm.
„Autsch!" zischt Felix. Ihm waren
tatsächlich gerade die Augen zugefallen.
„Was siehst du?"
„Ich glaube, das ist Australien."
„Wo liegt denn das?"
„Stell dir vor, du gräbst ein Loch mitten
durch den Erdball. Dann kommst du
ungefähr in Australien wieder raus."
„Und feiern die Menschen
dort auch
Weihnachten?"

„Na klar. Aber es ist dort so heiß,
daß es die Leute in ihren Häusern nicht
aushalten und lieber zum Weih-
nachtspicknick in die Wälder gehen.
Viele fahren auch an den Strand,
gehen zum Surfen.
Dort machen sie Lagerfeuer, essen
kalten Truthahn und singen
Weihnachtslieder bis spät in die Nacht.
Geschenke gibt es auch. Aber erst
am Morgen des 25. Dezember."
„Und wer bringt die Geschenke?"
„Der Weihnachtsmann auf einem Schlitten",
antwortet Felix.
„Er wird von sechs weißen Känguruhs
gezogen."

„Känguruhs? Vor einem Schlitten?",
fragt Eva ungläubig. „Ohne Schnee?
Vielleicht sollte er besser auf einem
Surfbrett kommen!" Felix lacht.
„Du hast recht. Die meisten Australier
sind vor vielen Jahren aus dem kalten
Europa eingewandert. Bis heute halten
sie an ihren alten Weihnachtsbräuchen fest.
Obwohl sie zu dem neuen Land
gar nicht so recht passen", erklärt er.
„Oh, Eva, schau mal, ich glaube,
da hat uns einer entdeckt!"

„Wie meinst du das?" fragt Eva.
„Ich sehe einen kleinen Jungen.
Ungefähr so alt wie ich. Er sitzt am Strand
und trägt eine Badehose."
„Na und?"
„Er schaut auch durch ein Fernrohr.
Geradewegs zu uns herüber.
Ich glaube, er will herausfinden,
wie Weihnachten bei uns gefeiert wird.
Wollen wir es ihm erzählen?"

Wir backen
einen Weihnachtskuchen

mit Zutaten aus aller Welt

Na, habt Ihr etwas bemerkt?
Jedes Land feiert Weihnachten ein wenig anders.
Aber überall gehört das gute Essen dazu.
Wenn jeder etwas mitbringt, können wir daraus
einen leckeren Weihnachtskuchen
und Kinderpunsch für alle zubereiten.
Na, wie wär's?

Jesaja vom Volksstamm der Massai bringt Wasser.
Benito von den Philippinen kommt mit Schokolade.
Tupu aus Tansania hat Eier eingepackt.
Ajit hält Zimt und Nelken aus Indien bereit.
Salz steuert Toni aus Grönland bei.
Pedro bringt brasilianischen Zucker.
Ofras Papa hat seiner Tochter eine Tüte Mehl
aus Palästina eingepackt.
Und Pepito aus Mexiko kommt mit seiner Orange.
Xiao fügt frische Mandeln aus China hinzu.
Die Butter legt John aus Pakistan auf den Tisch.
Natürlich bringen auch Eva und Felix
aus Deutschland ein paar Zutaten mit: Apfelsaft,
roten Tee und Marzipan.
…und was bringst Du?
Es fehlen noch Backpulver und Orangeat…

Zutaten:

300 g Butter,
300 g Zucker,
4 Eier,
375 g Mehl,
2 Tafeln dunkle Schokolade (grob geraspelt),
200 g Mandeln (geschält und grob gehackt),
1 Päckchen Orangeat (sehr klein gehackt oder püriert),
abgeriebene Schale von 2 Zitronen,
1 Päckchen Backpulver,
1 Prise Salz.

Für den Guß und zum Verzieren:

150 g dunkle Schokolade,
1 Paket Marzipanrohmasse.